Exquisite Wild- und Geflügelgerichte zieren jedes Festmenü, aber knuspriges Geflügel oder ein Wildbraten schmecken auch alltags immer gut. Ob Sie Kaninchen, Reh oder Wildschwein, Huhn, Pute oder Fasan bevorzugen - dieser Band überrascht Sie mit einer Fülle raffinierter und klassischer Rezepte.

Inhalt

Knuspriges Geflügel

BB

Pommersche Gans *(Foto S. 8/9)*

1 küchenfertige Gans (3,5-4 kg)	unter fließendem kaltem Wasser abspülen, trockentupfen, Keulen und Flügel mit Küchengarn am Rumpf befestigen, die Gans innen mit
Salz	
gerebeltem Majoran	einreiben.
	Für die Füllung
3 Äpfel	schälen, vierteln, entkernen, in Scheiben schneiden, mit
200 g eingeweichten, entsteinten Backpflaumen	
2 Eßl. Zucker	
1/2 Teel. gemahlenem Zimt	
4 Eßl. geriebenem Schwarzbrot	
2 Eßl. Weinbrand	vermengen, die Gans damit füllen, mit Küchengarn zunähen die Gans mit dem Rücken nach unten auf den Rost in eine mit Wasser ausgespülte Fettfangschale legen, auf der unteren Schiene in den vorgeheizten Backofen schieben, etwas
heißes Wasser	hineingießen während des Bratens ab und zu unterhalb der Flügel und Keulen in die Gans stechen, damit das Fett besser ausbraten kann das sich sammelnde Fett ab und zu über die Gans gießen, hin und wieder auch abschöpfen sobald der Bratensatz bräunt, etwas
heißes Wasser	hinzugießen, die Gans ab und zu mit dem Bratensatz begießen, verdampfte Flüssigkeit nach und nach ersetzen, etwa 10 Minuten vor Beendigung der Garzeit die Gans mit
kaltem Salzwasser	bestreichen, die Backofentemperatur etwas höher stellen, damit die Haut schön kroß wird die gare Gans auf einer vorgewärmten Platte anrichten (Fäden entfernen), warm stellen den Bratensatz mit Wasser loskochen, durch ein Sieb gießen, mit Wasser auf 500 ml (1/2 l) auffüllen, auf der Kochstelle zum Kochen bringen

1-2 Eßl. Speisestärke	mit
4 Eßl. Schlagsahne	anrühren, den Bratensatz binden
2 Eßl. Apfelmus	unterrühren, mit
Weinbrand	abschmecken
Ober-/Unterhitze:	180-200 °C (vorgeheizt)
Heißluft:	160-180 °C (nicht vorgeheizt)
Gas:	Stufe 3-4 (vorgeheizt)
Bratzeit:	2 1/2-3 Stunden.

Gebratene Gans *(Für 8 Personen)*

1 küchenfertige Gans (etwa 3 1/4 kg)	unter fließendem kaltem Wasser abspülen, trockentupfen, innen mit
Salz	
Pfeffer	einreiben, mit dem Rücken nach unten auf den Rost auf eine mit Wasser ausgespülte Rostbratpfanne legen, auf der unteren Schiene in den vorgeheizten Backofen schieben, während des Bratens ab und zu unterhalb der Flügel und Keulen in die Gans stechen, damit das Fett besser ausbraten kann nach 45 Minuten Bratzeit das angesammelte Fett abschöpfen, evtl. diesen Vorgang wiederholen, sobald der Bratensatz bräunt, etwas
heißes Wasser	hinzugießen, die Gans ab und zu mit dem Bratensatz begießen, verdampfte Flüssigkeit nach und nach durch heißes Wasser ersetzen 10 Minuten vor Beendigung der Bratzeit die Gans mit
kaltem Wasser	bestreichen, die Backofentemperatur etwas erhöhen, damit die Haut schön kroß wird die gare Gans in Portionsstücke schneiden, auf einer vorgewärmten Platte anrichten, warm stellen den Bratensatz mit etwas Wasser loskochen, durch ein Sieb gießen, mit Wasser auf 500 ml (1/2 l) auffüllen, auf der Kochstelle zum Kochen bringen
1 gestrichenen Eßl. Speisestärke	mit

2 Eßl. kaltem Wasser	anrühren, die Flüssigkeit damit binden, die Soße mit Salz, Pfeffer abschmecken
Ober-/Unterhitze:	200-220 °C (vorgeheizt)
Heißluft:	180-200 °C (nicht vorgeheizt)
Gas:	Stufe 3-4 (vorgeheizt)
Bratzeit:	Etwa 3 Stunden.

Geflügelkeulen nach Art der Provence

4 Hähnchenkeulen (etwa 800 g)	unter fließendem kaltem Wasser abspülen, trockentupfen, mit
Salz	
frisch gemahlenem Pfeffer	
Paprika edelsüß	einreiben
2 Knoblauchzehen	abziehen, in Würfel schneiden
3 Zwiebeln	abziehen, in Scheiben schneiden
500 g Tomaten	kurze Zeit in kochendes Wasser legen (nicht kochen lassen), in kaltem Wasser abschrekken, enthäuten, die Stengelansätze herausschneiden, halbieren, entkernen, in Streifen schneiden
3 Eßl. Speiseöl	erhitzen, das Fleisch von allen Seiten gut darin anbraten, Knoblauch, Zwiebeln und Tomaten dazugeben, mit Salz, Pfeffer
gerebeltem Thymian	würzen, etwa 25 Minuten schmoren lassen die garen Geflügelkeulen auf einer vorgewärmten Platte anrichten, warm stellen
150 g Champignons (aus der Dose)	mit der Flüssigkeit
100 g schwarzen Oliven	zu dem Gemüse geben, miterhitzen
2 Teel. Weizenmehl	mit
kaltem Wasser	anrühren, das Gemüse damit binden, mit Salz, Pfeffer,
Zucker	abschmecken, über das Fleisch geben, mit
gehackter Petersilie	bestreuen.
Schmorzeit:	Etwa 30 Minuten.
Beilage:	Nudeln, Reis oder grüner Salat.

Huhn mit Zimt

1 Hähnchen (etwa 1,2 kg)	unter fließendem kaltem Wasser abspülen, trockentupfen, in portionsgroße Stücke zerteilen, mit
Salz frisch gemahlenem Pfeffer	würzen
100 g Butter	zerlassen, das Hähnchenfleisch von allen Seiten darin braun anbraten
2 rote Zwiebeln	abziehen, in Scheiben schneiden, zu dem Fleisch geben
125 ml (1/8 l) Rindfleisch- oder Hühnerbrühe	hinzugießen, das Fleisch in dem Bräter in den Backofen geben
Ober-/Unterhitze:	180-200 °C (vorgeheizt)
Heißluft:	160-180 °C (nicht vorgeheizt)
Gas:	Stufe 3-4 (vorgeheizt)
Schmorzeit:	Etwa 1 Stunde.
	Für die Sauce
2 Knoblauchzehen	abziehen, feinhacken, mit Salz verreiben
8 Tomaten	kurze Zeit in kochendes Wasser legen (nicht kochen lassen), in kaltem Wasser abschrekken, enthäuten, die Stengelansätze herausschneiden, die Tomaten in Scheiben schneiden
250 ml (1/4 l) Weißwein	mit Tomaten und Knoblauch zum Kochen bringen
1 Eßl. Tomatenmark	unterrühren
250 g Staudensellerie	putzen, waschen, die harten Außenfäden abziehen, in feine Streifen schneiden, hinzufügen, mit Salz, Pfeffer würzen, das Gemüse bei kleiner Hitze etwa 15 Minuten kochen lassen
2 Eßl. gehackte Petersilie	hinzufügen, die garen Hähnchenstücke mit
1/2 Teel. Zimt	bestreuen, die Tomatensauce darübergießen mit
1 Eßl. geriebenem Parmesan-Käse	bestreuen
Beilage:	Bandnudeln.

Fasan auf Weinsauerkraut

1 küchenfertigen Fasan (1/2-1 kg)	unter fließendem kaltem Wasser abspülen, trockentupfen, innen und außen mit
Salz	einreiben, mit
40 g Speckscheiben	umwickeln
40 g Speck	in Würfel schneiden, auslassen
2 Eßl. Butter	hinzufügen, den Fasan von allen Seiten darin anbraten, herausnehmen
1 Zwiebel	abziehen, würfeln, in dem Bratfett goldgelb dünsten lassen
500 g Sauerkraut	dazugeben, kurz erhitzen
250 ml (1/4 l) Weißwein	hinzugießen, mit Salz würzen, den Fasan auf das Sauerkraut legen, schmoren lassen den garen Fasan in Portionsstücke schneiden, warm stellen
125 g blaue Weintrauben	waschen, halbieren, entkernen, zu dem Sauerkraut geben, mit Salz,
Zucker	abschmecken den Fasan auf dem Sauerkraut anrichten, mit
Tomatenachteln	
Petersilie	garnieren
Schmorzeit:	60-70 Minuten
Beilage:	Kartoffelpüree oder Kartoffelkroketten.

Hähnchen-Geschnetzeltes *(Foto)*

600 g Hähnchenbrustfilet	unter fließendem kaltem Wasser abspülen, trockentupfen, das Fleisch in kleine Stücke schneiden
1 kleine Zwiebel	abziehen, würfeln
1 Eßl. Olivenöl	erhitzen, die Zwiebelwürfel hinzufügen, dünsten lassen, das Hähnchenfleisch hinzufügen, goldgelb braten
1 kleine Dose Pfifferlinge	abtropfen lassen, zu dem Fleisch geben, dünsten lassen, mit
Salz	
frisch gemahlenem Pfeffer	
1 Messerspitze gerebeltem Thymian	würzen

250 ml (1/4 l) Instant-Bratensauce	
125 ml (1/8 l) Schlagsahne	hinzugießen, aufkochen lassen, mit
gehackter Petersilie	bestreuen
Bratzeit:	Etwa 5 Minuten.

Fasanenbrust auf Linsen

300 g Linsen	über Nacht in
Wasser	einweichen, abgießen
4 Fasanenbrustfilets	unter fließendem kaltem Wasser abspülen, trockentupfen, mit
Salz	
frisch gemahlenem Pfeffer	würzen
30 g Sellerie	putzen, schälen, würfeln
1/2 Stange Porree (Lauch)	putzen, Stange halbieren, waschen, in Ringe schneiden
1 Möhre	putzen, schälen, waschen, in Scheiben schneiden
2 Schalotten	abziehen, feinwürfeln, von
100 g Butter	50 g erhitzen, das Gemüse darin andünsten Linsen hinzugeben, mit
500 ml (1/2 l) Wasser	angießen, etwa 25 Minuten dünsten
4 Eßl. Crème fraîche	unterziehen, mit
1-2 Eßl. Sherryessig	
2 Eßl. gehackter Petersilie	Pfeffer, Salz abschmecken, die restliche Butter in die Fettfangschale geben Fasanenbrustfilets darauf setzen in den Backofen schieben
Ober-/Unterhitze:	Etwa 200 °C (vorgeheizt)
Heißluft:	Etwa 180 °C (nicht vorgeheizt)
Gas:	Etwa Stufe 4 (vorgeheizt)
Garzeit:	Etwa 10 Minuten, 5 Minuten ruhen lassen die Filets auf dem Gemüse anrichten
Beilage:	Spätzle, Rotwein.

Geschnetzelte Hähnchenbrust *(Foto)*

4 Hähnchenbrustfilets (je etwa 125 g)	unter fließendem kaltem Wasser abspülen, trockentupfen, in feine Streifen schneiden, mit
Salz	
frisch gemahlenem Pfeffer	würzen
400 g frische Champignons	putzen, mit Küchenpapier abreiben, in feine Scheiben schneiden
1 Schalotte	abziehen, würfeln
50 g Butter	zerlassen, das Hähnchenfleisch darin anbraten, herausnehmen, warm stellen

50 g Butter	im Bratfett zerlassen, die Champignons mit der Schalotte darin andünsten
125 ml (1/8 l) Weißwein	
4 cl trockenen Wermut	hinzugießen, durchdünsten lassen
250 ml (1/4 l) Schlagsahne	dazugeben, etwas einkochen lassen, so daß eine sämige Sauce entsteht
20 Zitronenmelisseblätter	abspülen, trockentupfen, feinhacken, in die Sauce geben, die Fleischstreifen dazugeben, kurz miterhitzen (nicht kochen lassen) die Sauce mit Salz, Pfeffer abschmecken
Bratzeit:	20-30 Minuten
Beilage:	Nudeln mit Tomatenwürfeln.

Huhn in Kokossauce

1 Poularde (etwa 1,3 kg)	unter fließendem kaltem Wasser abspülen, trockentupfen, in einen Topf geben
600 ml Kokosmilch (Konzentrat)	angießen, mit
Salz	würzen, zugedeckt etwa 1 1/2 Stunden köcheln lassen die Poularde herausnehmen, das Fleisch von den Knochen lösen, warm stellen die Kochflüssigkeit auf die Hälfte einkochen lassen
5 Knoblauchzehen	abziehen, mit
1 Eßl. Kümmel	
1 Eßl. Koriander	
4 Pfefferkörnern	
1 Eßl. Erdnüssen	in einem Mixer zerkleinern
1 Teel. abgeriebene Zitronenschale (unbehandelt)	
1 Eßl. Fischsauce	
2 Teel. Chilipulver	
2 Eßl. Soja-Sauce	
1 Eßl. Shrimps-Paste	
1 Teel. Zucker	unterrühren, in die kochende Brühe geben, umrühren die Flüssigkeit nochmals sämig einkochen und mit Salz abschmecken das Hühnerfleisch auf einer Platte anrichten, mit der Sauce übergießen
Tip:	Safranreis dazu reichen.

Geflügelleber-Pastete

	Für die Füllung
1 große Zwiebel	abziehen, feinwürfeln
2 Eßl. Speiseöl	erhitzen, die Zwiebelwürfel darin andünsten
500 g Geflügelleber	unter fließendem kaltem Wasser abspülen, trockentupfen, zu den Zwiebelwürfeln geben, gut anbraten
5 Eßl. Weinbrand oder Sherry dry 1/2 Teel. Pfeffer 2 Messerspitzen gemahlene Nelken 2 Messerspitzen geriebene Muskatnuß 1 Messerspitze gerebeltes Basilikum 1 Messerspitze gemahlenen Koriander 1 Teel. eingelegten grünen Pfeffer 10 zerdrückte Wacholderbeeren	hinzufügen, verrühren, die Leber etwa 1 Minute weiterbraten, erkalten lassen die Leber feinhacken, mit dem Bratensatz,
1 kg feiner Bratwurstmasse (ungebrüht)	zu einer geschmeidigen Masse verrühren, mit
Salz	abschmecken, die Masse in eine Pastetenform geben, fest andrücken, damit keine Luftlöcher entstehen (die Form darf nur zu 3/4 gefüllt sein) die Form auf dem Rost in den Backofen schieben
Ober-/Unterhitze:	150-180 °C (vorgeheizt)
Heißluft:	130-150 °C (nicht vorgeheizt)
Gas:	Stufe 2-3 (vorgeheizt)
Garzeit:	30-40 Minuten.
	Für den Teig
1 Packung (370 g) Brotmischung	mit
250 ml (1/4 l) lauwarmem Wasser	nach der Vorschrift auf der Packung zubereiten, den gegangenen Teig mit

Weizenmehl	bestäuben, aus der Schüssel nehmen, kurz durchkneten, auf der mit Mehl bestäubten Arbeitsfläche etwa 1 cm dick ausrollen, eine Platte in Größe der Pastetenform daraus schneiden, auf die vorgebackene Pastete legen (die Teigplatte nach Belieben mit einem Teil des restlichen Teiges garnieren, aus dem übrigen Teil Brötchen formen, mitbacken lassen) aus der Teigplatte einige etwa pfenniggroße Löcher ausstechen (nicht drücken) den Teig mit Wasser bestreichen die Pastetenform auf dem Rost in den Backofen schieben
Ober-/Unterhitze:	200-220 °C (vorgeheizt)
Heißluft:	180-200 °C (nicht vorgeheizt)
Gas:	Stufe 4-5 (vorgeheizt)
Backzeit:	30-35 Minuten.

Gebratene Wildente

1 Wildente (küchenfertig)	unter fließendem kaltem Wasser abspülen, trockentupfen, innen und außen mit
Salz	
frisch gemahlenem Pfeffer	einreiben, mit
150 g fetten Speck	umwickeln, in einen mit Wasser ausgespülten Bratentopf legen, auf dem Rost in den Backofen schieben, sobald der Bratensatz bräunt, etwas
heißes Wasser	hinzugießen, die Ente ab und zu mit dem Bratensatz begießen
Ober-/Unterhitze:	Etwa 200 °C (vorgeheizt)
Heißluft:	Etwa 180 °C (nicht vorgeheizt)
Gas:	Etwa Stufe 3 (vorgeheizt)
Bratzeit:	Etwa 70 Minuten
	den Speck von der garen Ente nehmen, die Ente warm stellen
250 g Champignons	putzen, evtl. abspülen oder mit Küchenpapier abreiben, in Scheiben schneiden, den Bratensatz mit
250 ml (1/4 l) Weißwein	loskochen, die Champignonscheiben darin etwa 10 Minuten dünsten lassen
150 ml Schlagsahne	unterrühren, die Sauce mit Salz, Pfeffer abschmecken.

Wildente in Calvados *(Foto)*

800 g Wildentenbrust	von den Knochen befreien, das Fleisch unter fließendem kaltem Wasser abspülen, trockentupfen, in feine Streifen schneiden
1 großen Apfel	vierteln, schälen, entkernen, würfeln
2 Schalotten	abziehen, würfeln
2 Eßl. Speiseöl	erhitzen, das Entenfleisch kurz darin anbraten, herausnehmen, warm stellen, das Öl abgießen
50 g Butter	zerlassen, Apfel- und Schalottenwürfel darin leicht anbraten
100 ml Rotwein	angießen, etwas einkochen lassen
100 ml Schlagsahne	hinzugießen, einkochen lassen, mit
4 cl Calvados	
Salz	
frisch gemahlenem Pfeffer	abschmecken, das Entenfleisch dazugeben
Tip:	Dazu passen Butterspätzle und ein grüner Salat.

Entenkeule in Holundersauce

8 Entenkeulen	unter fließendem kaltem Wasser abspülen, trockentupfen, Schenkelknochen herauslösen
1 Schalotte	abziehen, feinhacken
100 g Pfifferlinge	darin andünsten, mit
1 Eigelb	
1 Teel. gehackter Petersilie	
1 Eßl. Semmelbröseln	
Salz	
frisch gemahlenem Pfeffer	vermengen, in die Keulen füllen, mit Spießchen zusammenstecken, Keulen mit Salz und Pfeffer würzen
1 Zwiebel	abziehen, würfeln
50 g Sellerie	
1 Möhre	beides putzen, waschen, schälen, in Würfel schneiden
4 Eßl. Speiseöl	in einem Bräter erhitzen, die Keulen im Backofen anbraten, das Gemüse dazugeben
Ober-/Unterhitze:	Etwa 220 °C (vorgeheizt)
Heißluft:	Etwa 200 °C (nicht vorgeheizt)
Gas:	Etwa Stufe 3 (vorgeheizt)
Garzeit:	Etwa 30 Minuten
250 ml (1/4 l) Holundersaft	angießen und nochmals 15 Minuten garen, Keulen herausnehmen, warm stellen, Sauce durch ein Sieb streichen
3 cl Wermut	angießen, einkochen, mit Salz und Pfeffer abschmecken
Tip:	Kroketten oder Rösti dazu reichen.

Gebratene Ente

1 küchenfertige Ente (etwa 1 1/2 kg)	unter fließendem kaltem Wasser abspülen, trockentupfen, innen mit
Salz	würzen, mit dem Rücken nach unten auf den Rost auf eine mit Wasser ausgespülte Fettfangschale legen, auf die untere Schiene in den Backofen schieben, während des Bratens ab und zu unterhalb der Flügel und Keulen in die Ente stechen, damit das Fett besser ausbraten kann nach 30 Minuten Bratzeit das angesammelte Fett abschöpfen, sobald der Bratensatz bräunt, etwas
heißes Wasser	hinzugießen, die Ente ab und zu mit dem Bratensatz begießen, verdampfte Flüssigkeit nach und nach ersetzen, 10 Minuten vor Beendigung der Bratzeit die Ente mit
kaltem Salzwasser	bestreichen, die Hitze auf stark stellen, damit die Haut schön kroß wird die gare Ente in Portionsstücke schneiden, auf einer vorgewärmten Platte anrichten, warm stellen den Bratensatz mit Wasser loskochen, durch ein Sieb gießen, mit Flüssigkeit auffüllen, auf der Kochstelle zum Kochen bringen
1-2 gestrichene Eßl. Weizenmehl	mit
2 Eßl. kaltem Wasser	anrühren, den aufgefüllten Bratensatz damit binden, die Sauce mit Salz,
frisch gemahlenem Pfeffer	abschmecken
Ober-/Unterhitze:	200-220 °C (vorgeheizt)
Heißluft:	180-200 °C (nicht vorgeheizt)
Gas:	Stufe 3-4 (vorgeheizt)
Bratzeit:	Etwa 1 3/4 Stunden
Beilage:	Rotkohl, Kartoffelklöße, Apfelscheiben mit Preiselbeerkompott oder Apfelmus.

Wildente mit Weintrauben *(Für 2 Personen)*

1 Wildente (küchenfertig)	unter fließendem kaltem Wasser abspülen, trockentupfen, innen und außen mit
Salz	
frisch gemahlenem Pfeffer	würzen
75 g durchwachsenen Speck	in feine Scheiben schneiden, die Ente damit belegen und in einen Bräter legen in den Backofen schieben
Ober-/Unterhitze:	200-220 °C (vorgeheizt)
Heißluft:	180-200 °C (nicht vorgeheizt)
Gas:	Etwa Stufe 4 (vorgeheizt)
Backzeit:	Etwa 75 Minuten evtl. etwas
heißes Wasser	hinzufügen nach etwa 50 Minuten Garzeit
2 Zwiebeln	abziehen, vierteln
1 Bund Suppengemüse	putzen, in Stücke schneiden beide Zutaten zu der Ente geben, den durchwachsenen Speck herunternehmen, damit die Ente schön braun wird nach dem Ende der Garzeit die Ente herausnehmen, warm stellen, evtl. Fett abschöpfen und den Bratensatz mit dem Gemüse pürieren
300 g grüne Weintrauben	waschen, halbieren, entkernen, in die Soße geben, erwärmen die Ente in Stücke teilen, mit der Soße servieren.

Ente mit Feigen

1 küchenfertige Ente	
(etwa 1 1/2 kg)	unter fließendem kaltem Wasser abspülen, trockentupfen, innen mit
Salz	
frisch gemahlenem Pfeffer	einreiben, mit dem Rücken nach unten auf den Rost auf einen mit Wasser ausgespülten Bräter legen, auf die untere Schiene in den vorgeheizten Backofen schieben während des Bratens ab und zu unterhalb der Flügel und Keulen in die Ente stechen, damit das Fett besser ausbraten kann, nach etwa 30 Minuten das angesammelte Fett abschöpfen, sobald der Bratensatz bräunt, etwas
heißes Wasser	hinzugießen, die Ente ab und zu mit dem Bratensatz begießen, verdampfte Flüssigkeit nach und nach ersetzen
Ober-/Unterhitze:	200-220 °C (vorgeheizt)
Heißluft:	180-200 °C (nicht vorgeheizt)
Gas:	Stufe 3-4 (vorgeheizt)
Bratzeit:	Etwa 1 3/4 Stunden die gare Ente erkalten lassen, den Bratensatz durch ein Sieb gießen, entfetten
1 Teel. Gelatine	
gemahlen, weiß	mit
1 Eßl. kaltem Wasser	anrühren, 10 Minuten zum Quellen stehen lassen, unter den noch heißen Bratensatz rühren, so lange rühren, bis sie gelöst ist, den Bratensatz mit Salz, Pfeffer würzen
1 Eßl. Portwein	unterrühren, kalt stellen das Brustfleisch der Ente vom Knochen lösen, in Scheiben schneiden, wieder auf das Knochengerüst legen, auf einer Platte anrichten
4-6 frische Feigen	abspülen, abtropfen lassen, kreuzförmig einschneiden, etwas auseinanderbiegen, um die Ente herumsetzen, den erkalteten, festgewordenen Bratensatz in Würfel schneiden, mit auf die Platte geben, mit
Zitronenmelisse	garnieren.

Gefüllte Putenschnitzel

2 Putenschnitzel eingeschnittenen Taschen	mit
(je etwa 350 g)	unter fließendem kaltem Wasser abspülen, trockentupfen, mit
Salz	
frisch gemahlenem weißem Pfeffer	
Paprika, edelsüß	bestreuen.
	Für die Füllung
75 g Zucchini	putzen, in kleine Würfel schneiden
1 Bund Basilikum	abspülen, trockentupfen, die Blätter von den Stengeln zupfen, in feine Streifen schneiden beide Zutaten mit
150 g Schafskäse	gut verrühren, mit Salz, Pfeffer würzen, die Masse in die beiden Putenschnitzel füllen, die Schnitzel mit Holzspießchen zustecken oder zunähen
30 g Butterschmalz	in einer Pfanne zerlassen
40 g Weizenmehl	darüberstäuben, die Putenschnitzel von beiden Seiten darin braten, die garen Schnitzel herausnehmen, warm stellen.
	Für die Sauce den Bratensatz mit
1 Becher (150 g) Crème fraîche	
1 Eßl. Tomatenmark	
Cayennepfeffer	verrühren, mit Salz, Pfeffer,
gerebeltem Basilikum	würzen, die Schnitzel dazugeben, nochmals erhitzen
Schmorzeit:	25-30 Minuten
Beilage:	Kräuter-Kartoffeln, Reis, verschiedene Blattsalate, Paprikaschoten-Salat, Stangenweißbrot mit Kräuterbutter
Tip:	Anstatt des Schafskäses kann auch Ziegenkäse verwendet werden. Ziegenkäse besitzt einen ausgeprägten Eigengeschmack.

Putengeschnetzeltes

500 g Putenbrustfilet	unter fließendem kaltem Wasser abspülen, trockentupfen, in Streifen schneiden
	Für die Marinade
4 Eßl. Sherry	mit
1 Eßl. Currypulver	
Salz	
frisch gemahlenem Pfeffer	verrühren, die Putenfleischstreifen darin einlegen, etwa 1/2 Stunde ziehen lassen
4 Eßl. Speiseöl	in einer beschichteten Pfanne erhitzen, das abgetropfte Fleisch von allen Seiten darin anbraten, herausnehmen, warm stellen
100 g Butterpilze	
oder Cremechampignons	putzen, mit Küchenpapier abreiben, evtl. kurz abspülen, in dünne Scheiben schneiden
100 g Zuckerschoten	putzen und waschen
3-4 Ananasringe	
(aus der Dose)	abtropfen lassen, in Stücke schneiden, den Saft auffangen 125 ml (1/8 l) Ananassaft und die Marinade zum Bratenfond geben, Pilze und Zuckerschoten hinzufügen, gar dünsten lassen
1 reife Mango	
(etwa 300 g)	vom Stein lösen, in kleine Stücke schneiden, mit den Ananasstücken und
1 Becher (150 g)	
Crème fraîche	zum garen Gemüse geben, kurz aufkochen lassen, mit Currypulver, Salz, Pfeffer und evtl. etwas Ananassaft abschmecken das Fleisch hinzufügen und kurz miterhitzen
Tip:	Als Beilage Butterreis dazu reichen. Anstelle der Zuckerschoten, die es nur kurze Zeit gibt, Lauchringe oder Möhrenstifte hinzufügen.

Putenröllchen auf Tomate mit Schafskäse

(Für 1 Person – Foto)

1 Putenschnitzel (150 g)	unter fließendem kaltem Wasser abspülen, trockentupfen, mit
Salz	
frisch gemahlenem Pfeffer	bestreuen
1/2 Scheibe gekochten Schinken	darauflegen, zu einer Rolle formen, mit
1/2 Scheibe Schinkenspeck	umwickeln
1 Teel. Butter	zerlassen
1 kleine Zwiebel	abziehen, feinwürfeln, in der Butter andünsten
1 Tomate	kurze Zeit in kochendes Wasser legen (nicht kochen lassen), in kaltem Wasser abschrekken, enthäuten, den Stengelansatz herausschneiden, die Tomate würfeln, zu der Zwiebel geben, mit Salz, Pfeffer
Zucker	
gerebeltem Oregano	bestreuen, kurz mitdünsten
	das Putenröllchen zu dem Gemüse geben, zugedeckt etwa 10 Minuten garen
30 g Schafskäse	in Würfel schneiden, dazugeben, miterwärmen
Beilage:	Curryreis.

Putensteaks mit Käsefüllung und Limonensauce

4 Putensteaks	
(je etwa 200 g)	unter fließendem kaltem Wasser abspülen, trockentupfen, in jedes Steak eine tiefe Tasche schneiden, die Tasche mit
frisch gemahlenem	
weißem Pfeffer	bestreuen
125 g festen Camembert	in Scheiben schneiden, mit
1 Teel. Preiselbeeren	
(aus dem Glas)	in die Taschen füllen, die Steaks mit Holzstäbchen zustecken, das Fleisch mit
Salz	
Paprika edelsüß	einreiben, in
4 Eßl. Weizenmehl	wenden
45 g Butterschmalz	erhitzen, die Steaks hineingeben, auf jeder Seite etwa 5 Minuten braten, die Steaks auf einer vorgewärmten Platte anrichten, warm stellen.
	Für die Sauce
	den Bratensatz mit
4 Eßl. Weißwein	loskochen, von
2 Limonen (unbehandelt)	die Schale abreiben, die Limonen schälen, die weiße Haut dabei entfernen, die Limonenspalten von der Haut befreien, die Filets halbieren, auf den Putensteaks anrichten
30 g Zucker	mit
4 Eßl. Wasser	verrühren, unter ständigem Rühren hellbraun werden lassen, mit
125 ml (1/8 l) Weißwein	
2-3 Eßl. Weinbrand	ablöschen, unter Rühren zum Kochen bringen, kurz aufkochen lassen, von der Kochstelle nehmen, Bratenflüssigkeit, abgeriebene Limonenschale
100 ml Schlagsahne	hinzufügen, verrühren, die Sauce mit Salz, Pfeffer abschmecken, über die Putensteaks gießen
Bratzeit:	Jede Seite etwa 5 Minuten
Beilage:	Kräuterreis, Stangenweißbrot.

Fasan mit Mandelfüllung

1 küchenfertigen Fasan (etwa 1 kg)	unter fließendem kaltem Wasser abspülen, trockentupfen
	Für die Füllung
2 Eßl. Butter	schaumig rühren
1 Eigelb	mit
3 gestrichenen Eßl. Semmelmehl	
2 Eßl. abgezogenen, gehackten Mandeln	
2-3 Eßl. Schlagsahne	unterrühren, mit
Salz	
geriebener Muskatnuß	würzen
1 Eiweiß	steifschlagen, unterheben, den Fasan mit der Masse füllen, zunähen, außen mit Salz,
Pfeffer	
gerebeltem Estragon	würzen, mit
einigen Speckscheiben	umwickeln
2 Eßl. Butterschmalz	erhitzen, den Fasan von allen Seiten darin anbraten
50 g Schalotten	abziehen, mit etwas von
500 ml (1/2 l) Fleischbrühe	zu dem Fleisch geben, schmoren lassen, verdampfte Flüssigkeit nach und nach ersetzen, den garen Fasan in Portionsstücke schneiden, die Füllung in Scheiben schneiden das Fleisch mit der Füllung auf einer vorgewärmten Platte anrichten, mit Alufolie abdekken, warm stellen
	Für die Sauce die Schmorflüssigkeit nach Belieben mit Wasser auffüllen
125 ml (1/8 l) Schlagsahne	hinzugießen, zum Kochen bringen
1-2 gestrichene Eßl. Weizenmehl	mit
1-2 Eßl. kaltem Wasser	anrühren, die Schmorflüssigkeit damit binden, die Sauce mit Salz, Pfeffer abschmecken
Schmorzeit:	65-70 Minuten
Beilage:	Kroketten oder Semmelknödel, Rosenkohl oder Brokkoli mit Mandelbutter.

Köstliche Hasen- und Kaninchenbraten

Hasenbraten *(Für 6 Personen – Foto S. 42/43)*

1 küchenfertigen Hasen (2 kg Rücken, Keulen, Läufe)	unter fließendem kaltem Wasser abspülen, trockentupfen, enthäuten, von allem Fett befreien, Keulen und Läufe vom Rücken trennen, das Fleisch mit
Salz	
Pfeffer	einreiben, mit
Rosmarinblättchen	bestreuen, mit
50 g weicher Butter	bestreichen, die Hälfte von
125 g fetten Speckscheiben	in eine mit Wasser ausgespülte Fettfangschale legen, darauf Keulen und Läufe geben, mit Speckscheiben bedecken (einige für den Rükken zurücklassen)
1 Zwiebel	abziehen
1 Möhre	putzen, schälen, waschen beide Zutaten kleinschneiden, mit
1 Lorbeerblatt	
10 zerdrückten Wacholderbeeren	
5 Pimentkörnern	hinzufügen, in den Backofen schieben, den Rücken erst nach 15 Minuten Bratzeit dazulegen, sobald der Bratensatz bräunt, etwas von
250 ml (1/4 l) heißem Wasser	hinzugießen, das Fleisch ab und zu mit dem Bratensatz begießen, verdampfte Flüssigkeit nach und nach ersetzen
1 Becher (150 g) saure Sahne	mit
5 Eßl. Kondensmilch	verrühren, etwa 10 Minuten vor Beendigung der Bratzeit das Fleisch damit begießen das gare Fleisch auf einer vorgewärmten Platte anrichten, warm stellen den Bratensatz mit Wasser loskochen, durch ein Sieb gießen, nach Belieben mit Wasser auffüllen, auf der Kochstelle zum Kochen bringen
etwas Speisestärke	mit
etwas kaltem Wasser	anrühren, den Bratensatz damit binden, die Sauce mit Salz, Pfeffer abschmecken
Ober-/Unterhitze:	200-220 °C (vorgeheizt)

Heißluft:	180-200 °C (nicht vorgeheizt)
Gas:	Stufe 3-4 (vorgeheizt)
Bratzeit:	Etwa 1 1/2 Stunden
Beilage:	Klöße, Rotkohl

Hasenrückenfilet nach Rioja-Art

2 Orangen (unbehandelt)	waschen, in Scheiben schneiden
1 l trockenen Rotwein z. B. Rioja Crianza	
2 Sternanis	
2 Gewürznelken	hinzugeben, erhitzen, abkühlen lassen
2 Hasenrücken à 600 g	unter fließendem kaltem Wasser abspülen, trockentupfen, enthäuten
	die Marinade in ein Gefäß gießen, die Hasenrücken darin 2 Tage marinieren, herausnehmen, trockentupfen und auslösen
30 g abgezogene, hellbraune Mandeln	längs halbieren, auf dem Backblech in den Backofen schieben
Ober-/Unterhitze:	Etwa 200 °C (vorgeheizt)
Heißluft:	Etwa 180 °C (nicht vorgeheizt)
Gas:	Etwa Stufe 3-4 (vorgeheizt)
Backzeit:	Etwa 10 Minuten
	die Hasenfilets mit
Salz	
Pfeffer	würzen, in 4 von
6 Eßl. Olivenöl	rundum anbraten, in Alufolie wickeln
250 g Steinpilze	putzen, abspülen, trockentupfen, in dicke Scheiben schneiden, in dem restlichen Olivenöl anbraten
1 Zwiebel	abziehen, halbieren, feinwürfeln, in der Pfanne kurz anbraten, mit 300 ml der Marinade aufgießen, etwas einkochen lassen
4 Eßl. Schlagsahne	unterrühren, mit jeweils
1 Msp. Instant-Kaffee, gemahlenem Zimt, Zucker,	Salz und Pfeffer abschmecken
	die Hasenfilets in Scheiben schneiden, mit der Sauce anrichten, Steinpilze und Mandeln darüber verteilen
Tip:	Als Beilage Bandnudeln und Orangenfilets servieren.

Hasenrücken mit Austernpilzen

2 Hasenrücken	
(je etwa 600 g)	unter fließendem kaltem Wasser abspülen, trockentupfen, enthäuten
150 g fetten Speck	in dünne Streifen schneiden, das Fleisch damit spicken, mit
Salz	
frisch gemahlenem Pfeffer	würzen
6 Eßl. Speiseöl	in einem Bräter erhitzen, Hasenrücken hineingeben, in den Backofen schieben
Ober-/Unterhitze:	Etwa 220 °C (vorgeheizt)
Heißluft:	Etwa 200 °C (nicht vorgeheizt)
Gas:	Etwa Stufe 4 (vorgeheizt)
Garzeit:	Etwa 25 Minuten
400 g Austernpilze	putzen, waschen, würfeln
2 Schalotten	abziehen, feinhacken
50 g Kräuterbutter	zerlassen, Schalotten und Pilze darin dünsten
6 Eßl. Crème fraîche	unterrühren
1 Bund Petersilie	abspülen, trockentupfen, die Blätter von den Stengeln zupfen, feinhacken
1 Bund Schnittlauch	abspülen, trockentupfen, feinschneiden, Kräuter unterrühren, die Sauce mit Salz, Pfeffer würzen, Hasenrücken auf den Pilzen anrichten
Tip:	Kartoffelplätzchen und Rosenkohl dazu reichen.

Kaninchen in Senf-Estragon-Sauce *(Foto)*

1 küchenfertiges Kaninchen	
(etwa 2 1/4 kg,	
Rücken, Keulen, Läufe)	unter fließendem kaltem Wasser abspülen, trockentupfen, enthäuten, vom Fett befreien, Keulen und Läufe vom Rücken trennen den Rücken in 3-4 Stücke schneiden
1 Bund Estragon	abspülen, die Blättchen von den Stengeln zupfen, die Blättchen feinhacken, mit
100 g Senf	verrühren, eine Fettfangschale mit
50 g Butter	bestreichen, die Fleischstücke mit
Salz	
Pfeffer	einreiben, mit der Hälfte des Senfs von allen

	Seiten bestreichen, in die Fettfangschale legen, in den Backofen schieben, nach etwa 30 Minuten Bratzeit
200 ml Weißwein	
200 ml Fleischbrühe	hinzugießen, das Fleisch garen lassen
500 g grüne Bohnen	waschen, die Stiele abschneiden, evtl. die Fäden abziehen, die Bohnen mit
Bohnenkraut	in
125 ml (1/8 l)	
kochendes Salzwasser	geben, zum Kochen bringen, etwa 3 Minuten kochen lassen, mit Salz, Pfeffer würzen jeweils 7-10 Bohnen mit einer von
8-10 dünnen Scheiben	
durchwachsenem Speck	umwickeln, etwa 30 Minuten vor Beendigung der Garzeit des Kaninchens mit in die Fettfangschale legen das gare Fleisch mit den Bohnen aus der Pfanne nehmen, auf einer vorgewärmten Platte anrichten, warm stellen den Bratensatz durch ein Sieb gießen, um etwa die Hälfte einkochen lassen, den restlichen Senf mit
1 Teel. Zucker	
1-2 Becher	
(150-300 g)	
Crème fraîche	verrühren, unter den Bratensatz rühren die Sauce mit
Worcestersauce	abschmecken, einen Teil der Sauce über das Fleisch geben, die restliche Sauce dazu reichen.
Ober-/Unterhitze:	200-220 °C (vorgeheizt)
Heißluft:	180-200 °C (nicht vorgeheizt)
Gas:	Stufe 2-3 (vorgeheizt)
Bratzeit:	Etwa 1 1/4 Stunden
Beilage:	Kartoffelkroketten.

Kaninchenragout

(Für 6 Personen)

1 küchenfertiges Kaninchen (etwa 2 kg)	unter fließendem kaltem Wasser abspülen, trockentupfen, enthäuten, das Fleisch in Stükke teilen, mit
Salz, Pfeffer	würzen, in
Weizenmehl	wenden
3 Eßl. Olivenöl	in einem Bräter erhitzen, Kaninchenteile hinzugeben
3 Knoblauchzehen	abziehen, feinhacken, hinzugeben, mit
500 ml (1/2 l) Rotwein	angießen, so viel
Wasser	hinzugeben, daß das Fleisch bedeckt ist, in den Backofen schieben
Ober-/Unterhitze:	Etwa 200 °C (vorgeheizt)
Heißluft:	Etwa 180 °C (nicht vorgeheizt)
Gas:	Etwa Stufe 4 (vorgeheizt)
Garzeit:	Etwa 60 Minuten
	nach 30 Minuten Bratzeit
150 g durchwachsenen Speck	würfeln
1 Schalotte	abziehen, feinwürfeln, zusammen mit den Speckwürfeln in
30 g Butter	andünsten
6 Kartoffeln	schälen, waschen, würfeln, mit den Speckwürfeln zu dem Kaninchen geben
	alles bei mittlerer Hitze noch etwa 30 Minuten schmoren lassen.

Kaninchen in Senfsahne

4 Kaninchenkeulen	unter fließendem kaltem Wasser abspülen, trockentupfen, enthäuten, mit
etwas Weizenmehl	bestäuben
1 Eßl. Speiseöl	
1 Eßl. Butter	in einem Schmortopf zerlassen, die Kaninchenkeulen von allen Seiten darin anbraten
2 Möhren	putzen, schälen, waschen, in Stifte schneiden
5 kleine Zwiebeln	
3 Knoblauchzehen	beide Zutaten abziehen, mit den Möhrenstiften zu dem Fleisch geben, zugedeckt bei

	schwacher Hitze etwa 15 Minuten schmoren lassen, mit
4 Eßl. Kräuter-Essig	ablöschen
125 ml (1/8 l) Hühnerbrühe	hinzugießen
2 Eßl. Dijon-Senf *1 Eßl. Tomatenmark*	in die Schmorflüssigkeit rühren, das Fleisch zugedeckt etwa 1 1/2 Stunden schmoren lassen, die Keulen herausnehmen, auf einer vorgewärmten Platte anrichten, warm stellen, die Schmorflüssigkeit einkochen lassen
1 Becher (150 g) Crème fraîche	unterrühren, mit
Salz *Pfeffer*	abschmecken, die Senfsahne über die Kaninchenkeulen geben, sofort servieren.

Kaninchen nach Bauernart

1 Kaninchen (etwa 1 1/4 kg)	unter fließendem kaltem Wasser abspülen, trockentupfen, enthäuten, in Portionsstücke schneiden, mit
Salz	einreiben
50 g Butter	erhitzen, das Fleisch von allen Seiten anbraten, herausnehmen
2 Zwiebeln	abziehen, feinwürfeln
2 Möhren	putzen, schälen, waschen, in Scheiben schneiden
5 Tomaten	kurze Zeit in kochendes Wasser legen (nicht kochen lassen), in kaltem Wasser abschrekken, enthäuten, die Stengelansätze herausschneiden, die Tomaten in Scheiben schneiden
100 g durchwachsenen Speck	in Würfel schneiden, auslassen, das Gemüse darin andünsten
1 gehäuften Eßl. Weizenmehl	darüberstäuben, verrühren
1 Lorbeerblatt *1 Teel. gerebelten Thymian*	hinzufügen
2 Knoblauchzehen	abziehen, feinhacken, hinzugeben,

	mit Salz,
frisch gemahlenem Pfeffer	
1 Prise Zucker	würzen, zum Kochen bringen, in etwa 1 1/4 bis 1 1/2 Stunden garkochen lassen alles noch einmal mit Salz, Pfeffer, Zucker
1-2 Eßl. Tomatenmark	abschmecken, mit
1 Eßl. Petersilie	bestreuen
Beilage:	Kartoffelknödel und Rotkohl dazu reichen.

Gebratenes Wildkaninchen mit Senf-Sauce

1 küchenfertiges Wildkaninchen	unter fließendem kaltem Wasser abspülen, trockentupfen, das Brustbein der Länge nach aufschneiden, das Kaninchen in einen Steinguttopf geben, mit
1-11/2 l Buttermilch	begießen, mindestens 24 Stunden an einem kühlen Ort zugedeckt marinieren lassen, danach das Kaninchen herausnehmen, trockentupfen, mit
Salz	
Pfeffer	kräftig würzen, mit
4 Eßl. mittelscharfem Senf	gleichmäßig bestreichen, mit
1 Teel. gerebeltem Thymian	bestreuen
4 Eßl. Olivenöl	in einen Bräter geben, das Kaninchen hineingeben
100 g Schinkenspeck	würfeln
2 Gemüsezwiebeln	abziehen, grobwürfeln
1 Lorbeerblatt	hinzugeben
1 Zweig Rosmarin	
1 Zweig Petersilie	abspülen, trockentupfen, die Blättchen von den Stengeln zupfen, feinhacken alles Zutaten zu dem Kaninchen geben, den Bräter auf dem Rost in den Backofen schieben
Ober-/Unterhitze:	Etwa 200 °C (vorgeheizt)
Heißluft:	Etwa 180 °C (nicht vorgeheizt)
Gas:	Etwa Stufe 4 (vorgeheizt)
Bratzeit:	50-60 Minuten während der Garzeit ab und zu mit
250 ml (1/4 l) Weißwein	oder
250 ml (1/4 l) Wasser	ablöschen, anschließend das Kaninchen herausnehmen, tranchieren, warm stellen

	den Bratenfond mit
250 g Crème fraîche	verrühren, bei starker Hitze zu einer sämigen Sauce einkochen lassen das Kaninchen anrichten, mit der Sauce überziehen
Tip:	Dazu reicht man Kartoffel-Kroketten, Möhren-Püree und einen trockenen Rotwein.

Kaninchen in Kokossauce *(Foto)*

8 Kaninchenkeulen	unter fließendem kaltem Wasser abspülen, trockentupfen, mit
Salz	
frisch gemahlenem Pfeffer	würzen
1 Zwiebel	abziehen, feinwürfeln
350 g Tomaten	kurze Zeit in kochendes Wasser legen (nicht kochen lassen), in kaltem Wasser abschrekken, enthäuten, die Stengelansätze herausschneiden, die Tomaten in Würfel schneiden
125 ml (1/8 l) Olivenöl	erhitzen, die Kaninchenkeulen darin von allen Seiten anbraten, Zwiebel dazugeben, andünsten, Tomaten hinzufügen, mit
250 ml (1/4 l) Milch	
250 ml (1/4 l) Schlagsahne	angießen
100 g Kokosraspeln	unterrühren, die Kaninchenkeulen 30-40 Minuten schmoren, Keulen herausnehmen, warm stellen die Sauce mit dem Mixer pürieren, einkochen lassen, nochmals mit Salz, Pfeffer abschmekken die Sauce über die Keulen geben
2 Karambolen	waschen, in Scheiben schneiden, mit den Keulen anrichten
Tip:	Als Beilage Kartoffelplätzchen servieren.

Reh und Hirsch - vielseitig zubereitet

Hirschsteaks mit Pfifferlingen *(Foto S. 54/55)*

400 g Pfifferlinge	putzen, abspülen, abtropfen lassen, große Pilze halbieren oder vierteln
3 Eßl. Butter	zerlassen, die Pilze darin in etwa 15 Minuten gar dünsten lassen, mit
Salz	
frisch gemahlenem Pfeffer	würzen, warm stellen
4 Scheiben Hirschfilet (je etwa 150 g)	leicht flachklopfen
2 Eßl. Butterschmalz	erhitzen, das Fleisch darin von jeder Seite etwa 3 Minuten braten, mit
Salz	
frisch gemahlenem Pfeffer	würzen, das Fleisch herausnehmen, warm stellen den Bratensatz mit
125 ml (1/8 l) Fleischbrühe	loskochen
125 ml (1/8 l) trockenen Rotwein	hinzugießen, die Bratenflüssigkeit auf etwa die Hälfte einkochen lassen
1 Becher (150 g) Crème fraîche	mit
1 Eßl. Johannisbeergelee	verrühren, in die Sauce rühren, erhitzen, mit Salz, Pfeffer abschmecken, die Hirschsteaks mit den Pfifferlingen auf einer vorgewärmten Platte anrichten, die Sauce dazu reichen
Beilage:	Speckböhnchen.

Hirschsteaks mit Portwein-Sauce

	Für die Portwein-Sauce
75 g fetten Speck	in Würfel schneiden, ausbraten
500 g Wildknochen	unter fließendem kaltem Wasser abspülen, trockentupfen, in dem Speckfett von allen Seiten gut anbraten
1 Bund Suppengrün	putzen, waschen, kleinschneiden
1 Zwiebel	abziehen, vierteln, beide Zutaten zu den Knochen geben, kurze Zeit mitbraten lassen
250 g Pfifferlinge (aus der Dose)	abtropfen lassen, die Flüssigkeit auffangen, mit
Wasser	auf 250 ml (1/4 l) Flüssigkeit auffüllen, mit
125 ml (1/8 l) Portwein	

2 zerdrückten Wacholderbeeren	zu den Knochen geben, mit
Salz frisch gemahlenem Pfeffer gerebeltem Thymian	würzen, zugedeckt etwa 1 Stunde kochen lassen, die Knochen entfernen, die Flüssigkeit mit Suppengrün und Zwiebel durch ein Sieb rühren die Flüssigkeit auf 200 ml einkochen lassen
125 ml (1/8 l) Portwein	hinzugießen
1 Teel. Johannisbeergelee 1 Msp. Senf gemahlenen Zimt	hinzufügen, nochmals auf etwa 200 ml einkochen lassen
150 g Crème fraîche	unterrühren, erhitzen, die Sauce mit Salz, Pfeffer abschmecken
4 Hirschsteaks (je 150 g)	unter fließendem kaltem Wasser abspülen, trockentupfen
2 Eßl. Butter	in einer Flambierpfanne auf dem Rechaud erhitzen, die Hirschsteaks von beiden Seiten braten, mit Salz, Pfeffer, gerebeltem Thymian würzen, herausnehmen, zugedeckt warm stellen
1 Eßl. Butter	in das Bratfett geben
1 gewürfelte Schalotte	darin glasig dünsten lassen, die Pfifferlinge hineingeben, mit Salz, Pfeffer würzen, dünsten lassen, herausnehmen, warm stellen
2 kleine Äpfel	schälen, das Kerngehäuse herausstechen, die Äpfel in etwa 1 cm dicke Scheiben schneiden
2 Eßl. Butter	in der Flambierpfanne auf dem Rechaud erhitzen, die Apfelscheiben von beiden Seiten darin braten, herausnehmen, die Hirschsteaks wieder in die Flambierpfanne geben, die Pfifferlinge darauf und rundherum verteilen, darauf die Apfelscheiben geben, mit
6 Eßl. Calvados	flambieren
	sofort mit der Portwein-Sauce servieren
Kochzeit für die Sauce:	Etwa 1 1/2 Stunden
Bratzeit für die Hirschsteaks:	Etwa 15 Minuten
Dünstzeit für die Pfifferlinge:	Etwa 4 Minuten
Bratzeit für die Apfelscheiben:	3-5 Minuten
Beilage:	Kartoffel-Quark-Kroketten.

Hirschragout

800 g Hirschfleisch (aus der Schulter, ohne Knochen)	unter fließendem kaltem Wasser abspülen, trockentupfen, enthäuten, in Würfel schneiden, mit
2 Eßl. Portwein	begießen, einige Stunden stehen lassen
75 g durchwachsenen Speck	in kleine Würfel schneiden
30 g Butterschmalz	zerlassen, die Speckwürfel darin auslassen, das Fleisch hinzufügen, von allen Seiten gut darin anbraten
1 mittelgroße Zwiebel	abziehen, würfeln, hinzufügen, mitbräunen lassen
Salz *frisch gemahlenen Pfeffer* *4 Wacholderbeeren* *3 Gewürznelken* *2 Messerspitzen Thymian* *250 ml (1/4 l) heißes Wasser oder braunen Fond*	hinzufügen, das Fleisch gar schmoren lassen, verdampfte Flüssigkeit nach und nach durch heißes Wasser oder braunen Fond ersetzen
250 g Champignons oder Pfifferlinge	putzen, waschen, etwa 10 Minuten vor Beendigung der Schmorzeit mit
250 ml (1/4 l) heißem Wasser	zu dem Ragout geben
2 schwach gehäufte Eßl. Johannisbeergelee (50 g)	unterrühren, das Ragout mit
dunklem Soßen-Helfer	binden, mit Salz abschmecken
Schmorzeit:	Etwa 2 Stunden
Beilage:	Kartoffelklöße, Salzkartoffeln, Spätzle, Rotkohl, Apfelmus, Preiselbeerkompott
Tip:	Damit das Fleisch zarter und der Wildgeschmack gemildert wird, sollte das Wildfleisch über Nacht in eine Marinade (Beize) aus Rotwein und Gewürzen oder einige Tage in Buttermilch gelegt werden.

Hirschfilet mit Nüssen und Kirschen *(Foto)*

800 g Hirschfilet	unter fließendem kaltem Wasser abspülen, enthäuten, trockentupfen, mit
Salz	
frisch gemahlenem Pfeffer	würzen
6 Eßl. Speiseöl	in einem Bräter erhitzen, das Fleisch darin anbraten, in den Backofen schieben
Ober-/Unterhitze:	Etwa 200 °C (vorgeheizt)
Heißluft:	Etwa 180 °C (nicht vorgeheizt)
Gas:	Etwa Stufe 4 (vorgeheizt)
Backzeit:	Etwa 45 Minuten
	das Fleisch herausnehmen, warm stellen
	das Bratfett abgießen
50 g Butter	zerlassen
1 Glas Sauerkirschen	
(Einwaage etwa 200 g)	abtropfen lassen
100 g Walnüsse	hacken, beides in die Butter geben, leicht dünsten, mit
6 cl Madeira	
6 cl Kirschsaft	ablöschen
2 Eßl. Crème fraîche	unterrühren, einkochen lassen, mit Salz, Pfeffer abschmecken
Beilage:	Eiernudeln und Obstsalat dazu reichen.

Hirschsteaks mit Sauce béarnaise

	Für die Sauce béarnaise
100 g Butter	zerlassen, abschäumen, etwas abkühlen lassen
1 kleine Zwiebel	abziehen, feinwürfeln, mit
1 Eßl. gehackten Estragonblättchen	
1 Eßl. gehackten Basilikumblättchen	
geschrotetem schwarzem Pfeffer	
1 Teel. Wein-Essig	
2 Eßl. Weißwein	zum Kochen bringen, etwa 5 Minuten kochen, etwas abkühlen lassen, mit
2 Eigelb	im Wasserbad unter ständigem Schlagen erhitzen, bis die Masse dicklich ist, den Topf von der Kochstelle nehmen, nach und nach die Butter unterschlagen, dabei die am Boden des Topfes abgesetzte Molke der Butter zurücklassen, die Sauce mit
Salz	
frisch gemahlenem Pfeffer	
Zucker	abschmecken, bis zum Verzehr warm halten, damit sie nicht gerinnt
4 Scheiben Ananas (aus der Dose)	abtropfen lassen
600 g Hirschrücken	unter fließendem kaltem Wasser abspülen, trockentupfen, enthäuten, in etwa 3 cm dicke Scheiben schneiden, leicht flachdrücken, mit
Senf	bestreichen
3 Eßl. Speiseöl	erhitzen, die Steaks von beiden Seiten je etwa 6 Minuten darin braun braten, mit
Salz	
frisch gemahlenem Pfeffer	bestreuen, warm stellen
etwas Butter	zerlassen, die Ananasscheiben darin goldbraun braten, auf eine vorgewärmte Platte legen, die Steaks darauf legen, mit der Sauce béarnaise bedecken, mit
Petersilie	garnieren
Beilage:	Brokkoli mit Erdnußsauce.

Rehrücken in Sahnesauce mit Preiselbeeren

1 Rehrücken (1,2 kg)	unter fließendem kaltem Wasser abspülen, trockentupfen, enthäuten, am Knochen einschneiden (dabei das Fleisch nicht zerschneiden), mit
Salz	
frisch gemahlenem Pfeffer	bestreuen, mit
40 g zerlassener Butter	bestreichen, das Fleisch in einen Bräter legen
5 Wacholderbeeren	
1/2 Teel. Thymian	
2 Gewürznelken	
1 Lorbeerblatt	und etwas von
250 ml (1/4 l) Rotwein	zugießen, auf den Rost in den Backofen schieben
Ober-/Unterhitze:	Etwa 220 °C (vorgeheizt)
Heißluft:	Etwa 200 °C (nicht vorgeheizt)
Gas:	Stufe 4-5 (vorgeheizt)
Backzeit:	Etwa 30 Minuten
	den Rehrücken aus dem Backofen nehmen, warm stellen
	die Soße durch ein Sieb geben, mit
250 ml (1/4 l) Schlagsahne	um 1/3 einkochen lassen
60 g kalte Butter	portionsweise in die Soße geben, umrühren, nochmals abschmecken
	das Fleisch von den Knochen lösen, mit der Soße servieren
Tip:	Dazu schmecken gedünstete Birnen und frische Kartoffeln.

Rehkeule Hubertus

(Für 2 Personen)	
Etwa 500 g Rehfleisch (aus der Keule, ohne Knochen)	unter fließendem kaltem Wasser abspülen, trockentupfen, enthäuten, mit
Salz	
zerdrückten Wacholderbeeren	
gerebeltem Thymian	
gerebeltem Majoran	
gerebeltem Rosmarin	
gerebeltem Salbei	einreiben
1-2 Zwiebeln	abziehen, würfeln
2 Eßl. Butterschmalz	in einem Bratentopf erhitzen, das Fleisch von allen Seiten darin anbraten, die Zwiebelwürfel hinzufügen den zugedeckten Bratentopf auf dem Rost in den Backofen schieben
Ober-/Unterhitze:	180-200 °C (vorgeheizt)
Heißluft:	150-180 °C (nicht vorgeheizt)
Gas:	Stufe 3-4 (vorgeheizt)
Bratzeit:	Etwa 60 Minuten das gare Fleisch aus dem Topf nehmen, warm stellen den Bratensatz mit
100 ml Rotwein	loskochen, durch ein Sieb gießen
2 Eßl. Preiselbeerkompott	
1 Becher (150 g) Crème fraîche	unterrühren, kurz aufkochen lassen, die Sauce mit Salz,
frisch gemahlenem Pfeffer	abschmecken, das Fleisch in Scheiben schneiden, mit der Sauce anrichten
Beilage:	Kartoffelkroketten, gedünsteter Fenchel.

Gebratener Rehrücken im Paksoimantel

(Für 8 Personen)

	Für die Sauce
1 kg gehackte Rehknochen	in
4 Eßl. Pflanzenöl	anbraten
1 Eßl. Tomatenmark	
500 g Gemüse (z.B. Lauch, Möhren, Sellerie)	putzen, schälen, waschen, in Würfel schneiden, dazugeben, mitbraten lassen, nach und nach mit
500 ml (1/2 l) Rotwein	
500 ml (1/2 l) Wildfond	ablöschen
2 Lorbeerblätter	
6 Nelken	
5 Wacholderbeeren	
5 Pfefferkörner	
1 frischen Thymianzweig	
1 frischen Salbeizweig	
Salz	hinzugeben, etwa 2 Stunden köcheln lassen
1 Eßl. Preiselbeeren	
100 ml ungesüßten schwarzen Johannisbeersaft	unterrühren, alles durch ein Sieb passieren, auf die gewünschte Konsistenz einkochen lassen, mit
3-4 Eßl. Sojasauce	abschmecken.
	Für die Maultaschen
250 g gekochte Kartoffeln	durch eine Kartoffelpresse drücken, die Masse erkalten lassen
200 g Weizenmehl	
2 Eier	
50 g flüssige Butter	hinzugeben, alles glattrühren, mit
geriebener Muskatnuß	
Salz	abschmecken
1 Dose Mais (210 g)	gut abtropfen lassen
20 g Butter	andünsten, mit
2 Eßl. Zucker	bestreuen, karamelisieren lassen, den Mais dazugeben, erwärmen
150 g Tofu	durch ein Sieb streichen, mit
2 Eigelb	verrühren, unter den Mais mischen, den Kar-

	toffelteig dünn ausrollen, Plätzchen von etwa 10 cm Durchmesser ausstechen
	je 1 Eßlöffel Füllung darauf setzen, den Rand mit Eigelb bestreichen, zum Halbkreis zusammenklappen
	3-5 Minuten in kochendem Salzwasser garen, abtropfen lassen, in
80 g Butter	goldgelb braten.
	Für die Ingwer-Äpfel
3 Äpfel	schälen, vierteln, entkernen, in Spalten schneiden
50 g frischen Ingwer	schälen, in Scheiben schneiden, beides in
250 ml (1/4 l) Apfelsaft	einlegen
30 g Butter	zerlassen
1 Eßl. Zucker	einstreuen, anbräunen, Äpfel und Ingwer dazugeben, karamelisieren lassen, mit dem Apfelsaft aufgießen, 3-5 Minuten langsam kochen lassen.
	Für den Rehrücken
1 kg ausgelösten Rehrücken	unter fließendem kaltem Wasser abspülen, trockentupfen, enthäuten, in 8 gleich große Stücke schneiden, rundherum mit
Salz	
frisch gemahlenem Pfeffer	würzen
2 Eßl. Butter	
1 Eßl. Pflanzenöl	erhitzen, das Rehfleisch darin anbraten, mit
3 Eßl. Soja-Sauce	marinieren, abkühlen lassen, die Marinade später in die Sauce geben
1 kg Paksoi oder Mangold	von schlechten Blättern befreien, die grünen Blätter von den Stielen schneiden
	von den Stielen die Fäden abziehen, Stiele in 0,5 x 5 cm große Streifen schneiden
	Blätter und Stiele in Salzwasser blanchieren, auf einem Tuch aus den Blättern 8 gleich große Rechtecke legen, Stiele in
125 ml (1/8 ml) Schlagsahne	erhitzen, mit
Salz	
frisch gemahlenem Pfeffer	
geriebener Muskatnuß	abschmecken

500 g gewässertes Schweinenetz	ausdrücken, ebenfalls auf Tüchern ausbreiten, in 8 Rechtecke schneiden.
	Für die Farce
500 g Rehkeule	durch die feine Scheibe des Fleischwolfes drehen, mit
Salz	
frisch gemahlenem Pfeffer	würzen, mit
250 ml Schlagsahne	zu einer Farce verarbeiten, mit
1 Eßl. Cognac	
1 Eßl. Madeira	
1 Eßl. Portwein	
Pastetengewürz	
gerebeltem Thymian	abschmecken
2 Eßlöffel Rehsauce	dazugeben
10 g gehackte Trompetenpilze	
10 g gehackte Pistazien	untermengen, die Rehfarce auf die Paksoi- bzw. Mangoldblätter streichen, die Rehrückenfilets darin einrollen, mit einem Schweinenetz umwickeln, in eine Fettfangschale setzen, in den Backofen schieben
Ober-/Unterhitze:	Etwa 200 °C (vorgeheizt)
Heißluft:	Etwa 180 °C (nicht vorgeheizt)
Gas:	Etwa Stufe 4 (vorgeheizt)
Garzeit:	Etwa 8 Minuten
	das Schweinenetz entfernen, das Fleisch etwas ruhen lassen.
	Für die Pilze
500 g frische Shiitake-Pilze	putzen, waschen, gut abtropfen lassen
oder 50 g getrocknete Shiitake-Pilze	in lauwarmem Wasser einweichen, abspülen, in zerlassener Butter andünsten, mit
Salz	würzen
2 Eßl. Schnittlauchröllchen	darübergeben, die eingerollten Rehrücken-Teile in Scheiben schneiden, auf die Paksoi-Stiele setzen, mit Ingwer-Äpfeln, den Shiitake-Pilzen und den Maultaschen anrichten, mit der Soja-Sauce angießen.

Rehsteaks in gehobelten Mandeln *(Foto)*

4 Scheiben Rehfleisch (je 150 g, aus der Keule)	unter fließendem kaltem Wasser abspülen, trockentupfen, leicht flachklopfen, etwas zusammendrücken, mit
Salz	
geriebener Muskatnuß	bestreuen, das Fleisch zunächst in
2 Eßl. Weizenmehl	
1 verschlagenem Ei	zuletzt in
80 g gehobelten Mandeln	wenden (gut festklopfen)
50 g Margarine	erhitzen, das Fleisch von beiden Seiten darin braten (darauf achten, daß die Mandeln nicht zu dunkel werden), auf einer Platte anrichten den Bratensatz mit etwas Wasser loskochen über die Steaks verteilen
Bratzeit:	6-8 Minuten
Beilage:	Kartoffelkroketten, Ananasscheiben mit Preiselbeeren.

Geschmorte Rehkeule *(Foto)*

1 kg Rehkeule	
(ohne Knochen)	unter fließendem kaltem Wasser abspülen, trockentupfen, enthäuten, in zwei Teile schneiden
3 große Zwiebeln	abziehen, feinwürfeln
4 Möhren	
100 g Sellerie	beides putzen, waschen, schälen das Fleisch mit dem Gemüse
2 Lorbeerblättern	
2 Zweigen Thymian	
30 zerdrückten Wacholderbeeren	
700 ml Rotwein	in eine Schüssel legen, über Nacht marinieren lassen
8 Eßl. Speiseöl	in einem Bräter erhitzen, das Fleisch trockentupfen, mit
Salz	
frisch gemahlenem Pfeffer	würzen, im Öl von allen Seiten anbraten, dann herausnehmen das marinierte Gemüse auf ein Sieb geben, Gemüse im Bratensatz andünsten
2 Eßl. Tomatenmark	unterrühren, die Marinade angießen das Fleisch dazugeben, etwa 90 Minuten schmoren
3 Äpfel	schälen, in Spalten schneiden, das Kerngehäuse entfernen Apfelspalten in Zuckerwasser etwa 3 Minuten blanchieren das Fleisch herausnehmen, die Sauce durch ein Sieb streichen, einkochen, nochmals abschmecken, über das Fleisch geben, mit Apfelspalten garnieren
Tip:	Dazu Spätzle und Brokkoli servieren.

Badischer Rehrücken

1 Rehrücken (etwa 1,6 kg)	unter fließendem kaltem Wasser abspülen, trockentupfen, enthäuten, das Fleisch von den Knochen lösen
1 mittelgroße Zwiebel	abziehen, würfeln
50 g Sellerie	
1 Möhre	putzen, schälen, waschen, würfeln
3 Eßl. Speiseöl	in einem Bräter erhitzen, das Fleisch darin von allen Seiten anbraten; Gemüsewürfel,
5 zerstoßene Wacholderbeeren	
Salz	
frisch gemahlenen Pfeffer	dazugeben, in den Backofen schieben
Ober-/Unterhitze:	180-200 °C (vorgeheizt)
Heißluft:	160-200 °C (nicht vorgeheizt)
Gas:	Stufe 3-4 (vorgeheizt)
Bratzeit:	35-50 Minuten
2 Williams-Christ-Birnen	waschen, halbieren, mit einem Kugelausstecher das Kerngehäuse entfernen, die Birnen in
200 ml lieblichem Weißwein	
Saft von 1 Zitrone	etwa 10 Minuten dünsten
	das Fleisch aus dem Bräter nehmen, vor dem Servieren
	10 Minuten ruhen lassen, damit sich der Fleischsaft setzt, Gemüse durch ein Sieb streichen, Bratensatz mit
200 ml trockenem Rotwein	ablöschen, Gemüsepüree
	dazugeben
400 ml Schlagsahne	angießen
2 Eßl. Preiselbeerkompott	dazugeben, einkochen lassen, die Sauce durch ein Sieb streichen, nochmals mit Salz, Pfeffer abschmecken
	das Fleisch vom Knochengerüst lösen, in Scheiben schneiden, wieder auf das Knochengerüst legen, auf einer vorgewärmten Platte anrichten
	die Birnenhälften mit
150 g Preiselbeerkompott	füllen, um den Rehrücken legen, die Sauce getrennt dazu reichen
Beilage:	Pfifferlinge, Mandelkroketten.

Rehmedaillons mit Mango-Mus

Etwa 300 g ausgelösten Rehrücken	unter fließendem kaltem Wasser abspülen, trockentupfen, enthäuten, quer zur Fleischfaser in acht Stücke schneiden, flachklopfen (etwa 1 1/2 cm dick)
4 Eßl. Traubenkernöl	mit
1 zerdrückten Lorbeerblatt	
1 abgezogenen, zerdrückten Knoblauchzehe	
1 Teel. Kräuter der Provence	verrühren, mit
Currypulver	
Pfeffer	würzen, das Fleisch darin wenden und so schichten, daß alle Stücke mit Marinade bedeckt sind, über Nacht durchziehen lassen
2 Eßl. Speiseöl	mit
2 Eßl. Butter	in einer Pfanne erhitzen, Medaillons aus der Marinade nehmen, abtupfen, Kräuter entfernen, die Medaillons von jeder Seite etwa 2 Minuten gut anbraten, mit
Salz	bestreuen, das Fleisch in der heißen Pfanne ohne Hitzezufuhr etwa 5 Minuten nachgaren, abkühlen lassen
	Für das Mango-Mus
2 Blatt weiße Gelatine	in
kaltem Wasser	etwa 10 Minuten einweichen, in
1 Eßl. Campari	
1 Eßl. Zitronensaft	vorsichtig im heißen Wasserbad erwärmen, bis sich die Gelatine gelöst hat
100 g Mangos (aus der Dose)	abtropfen lassen, pürieren, durch ein Sieb streichen, die Gelatine unterrühren, mit
Pfeffer	
Salz	würzen, das Mus gelieren lassen
	Für die Glasur
1/2 Teel. Fleischextrakt	mit
1 Teel. Mangosaft	

50 ml Wasser	verrühren
1 Blatt weiße Gelatine	in kaltem Wasser etwa 10 Minuten einweichen, in der Brühe auflösen, die warme Flüssigkeit mit einem Pinsel auf die Medaillons streichen, den Vorgang mehrmals wiederholen
	das fast steife Mango-Mus auf die Medaillons spritzen.

Herzhafte Wildschweingerichte

Wildschwein- oder Frischlingskoteletts auf italienische Art *(Foto S. 76/77)*

4 Wildschwein- oder Frischlingskoteletts (ca. 600 g)	unter fließendem kaltem Wasser abspülen, trockentupfen, mit
Salz	
Pfeffer	
gemahlenem Rosmarin	
8 zerdrückten Wacholderbeeren	einreiben
2 Eßl. Olivenöl	erhitzen, das Fleisch von beiden Seiten etwa 5 Minuten darin braten (Fleisch soll innen rosa bleiben), erkalten lassen
2 Zwiebeln	abziehen, in Scheiben schneiden, in dem Bratensatz glasig dünsten lassen
250 g Zucchini	waschen, in Scheiben schneiden, zu den Zwiebeln geben, mitdünsten lassen
2 Fleischtomaten	kurze Zeit in kochendes Wasser legen (nicht kochen lassen), in kaltem Wasser abschrekken, enthäuten, die Stengelansätze entfernen, die Tomaten in Würfel schneiden, zu dem Gemüse geben, kurz miterhitzen (Gemüse soll noch knackig sein), mit
1 Eßl. gehacktem Basilikum	
1 Msp. gerebeltem Oregano	würzen, von der Kochstelle nehmen, mit Salz, Pfeffer,
1-2 Eßl. Weinessig	abschmecken
Dünstzeit:	6-7 Minuten
	die erkaltete Gemüsemischung auf einem Teller anrichten, die Koteletts darauflegen, mit
Tomatenröschen	
Kräutern	garnieren.

Wildschweinspieße mit buntem Gemüse

750 g Wildschweinrücken	unter fließendem kaltem Wasser abspülen, trockentupfen, enthäuten, das Fleisch vom Knochen lösen, in Würfel schneiden, mit
Salz	
Pfeffer	
Rosenpaprika	würzen

150 g Speck	in Scheiben schneiden, die Fleischwürfel damit umwickeln, etwa 30 Minuten stehen lassen
5 rote Zwiebeln	abziehen, vierteln
400 g Staudensellerie	waschen, putzen, die harten Außenfäden abziehen, in Stücke schneiden
2 grüne Paprikaschoten	
2 gelbe Paprikaschoten	halbieren, entstielen, entkernen, die weißen Scheidewände entfernen, die Schoten waschen, in Stücke schneiden
	abwechselnd Fleisch und Gemüse auf die Spieße stecken
100 g Butterschmalz	erhitzen, die Spieße etwa 10 Minuten braten, nach dem Braten den Speck entfernen, mit dem Bratensatz die Spieße bestreichen.
	Für die Pfeffersauce
rote und grüne Pfefferkörner (aus dem Glas oder getrocknet)	mit
125 ml trockenem Rotwein	zum Kochen bringen, mit
Salz	
Pfeffer	würzen, etwa 20 Minuten köcheln lassen
125 ml (1/8 l) Wasser	nach und nach hinzugeben, unter Rühren
1 Eßl. angerührtes Weizenmehl	hinzugeben, bis eine cremige Bindung entstanden ist
1 Faden Safran	
1 Eßl. Himbeergelee	unterziehen, nochmals mit Salz und Pfeffer abschmecken.
	Für die gebackenen Kartoffeln
1200 g kleine festkochende Kartoffeln	waschen, in
Salzwasser	zum Kochen bringen, etwa 20 Minuten kochen lassen, Wasser abgießen, die Kartoffeln pellen, kalt stellen
	anschließend in mittelgroße Würfel schneiden
	ein Backblech mit
Olivenöl	bestreichen, die Kartoffelwürfel darauf verteilen, mit
Salz, Pfeffer	
Paprika edelsüß	würzen, die Kartoffelwürfel mit

5 Eßl. Olivenöl	bestreichen
Ober-/Unterhitze:	Etwa 200 °C (vorgeheizt)
Heißluft:	Etwa 180 °C (nicht vorgeheizt)
Gas:	Etwa Stufe 4 (vorgeheizt)
Backzeit:	25-30 Minuten.

Wildschweinbraten

1 kg Wildschweinfleisch (ohne Knochen, aus der Keule)	unter fließendem kaltem Wasser abspülen, trockentupfen, enthäuten, das Fleisch mit Küchengarn zusammenbinden, über Nacht in
1 l Buttermilch	legen, trockentupfen, mit
Salz	
geschnittenem Rosmarin	einreiben
2 Eßl. Speiseöl	erhitzen, das Fleisch darin von allen Seiten gut anbraten
125 ml (1/8 l) heißes Wasser	hinzufügen, das Fleisch schmoren lassen, von Zeit zu Zeit wenden, verdampfte Flüssigkeit nach und nach durch heißes Wasser ersetzen
250 g Suppengrün	putzen, waschen, kleinschneiden, 30 Minuten vor Ende der Schmorzeit hinzufügen, mitschmoren lassen
	das gare Fleisch (Garn entfernen) vor dem Schneiden etwa 10 Minuten ruhen lassen, damit sich der Fleischsaft setzt, das Fleisch in Scheiben schneiden, auf einer vorgewärmten Platte anrichten.
	Für die Sauce
	den Bratensatz mit
125 ml (1/8 l) Rotwein	loskochen, pürieren, durch ein Sieb passieren
125 g Champignons	putzen, mit Küchenpapier abreiben, in Scheiben schneiden, kurz in der Sauce garziehen lassen, die Sauce mit Salz, Rosmarin,
frisch gemahlenem Pfeffer	würzen
Schmorzeit:	etwa 2 Stunden
Beilage:	Rosenkohl, Salzkartoffeln.

Wildschweinrouladen *(Foto)*

8 Wildschweinschnitzel	unter fließendem kaltem Wasser abspülen, trockentupfen, mit
Salz	
frisch gemahlenem Pfeffer	bestreuen
2 Zwiebeln	abziehen, feinhacken
40 g Butter	in einer Pfanne zerlassen, die gehackten Zwiebelwürfel darin glasig dünsten
8 gekochte Eßkastanien	hacken, mit
200 g Mett	
3 Eßl. Schlagsahne	
gerebeltem Rosmarin	
gerebeltem Thymian	Salz, Pfeffer vermengen, auf die Schnitzel streichen, zusammenrollen, feststecken
2 Zwiebeln	abziehen
2 Möhren	
50 g Sellerie	beide Zutaten putzen, waschen, schälen, zerkleinern
50 g Schmalz	erhitzen, die Rouladen darin anbraten das Gemüse hinzugeben
2 Eßl. Tomatenmark	unterrühren, mit
1 l herbem Rotwein	angießen die Rouladen etwa 25 Minuten schmoren lassen die Sauce pürieren, einkochen, mit Salz, Pfeffer abschmecken
Tip:	Spätzle dazu reichen.

Wildschweinpfeffer in Tomatensauce

100 g Butterschmalz	in einem Bräter sehr heiß werden lassen
1,2-1,5 kg Wildschweinschulter	unter fließendem kaltem Wasser abspülen, trockentupfen, enthäuten, das Fleisch in gulaschgroße Stücke schneiden, anbraten,
60 g Tomatenmark	hinzugeben, mit
250 ml (1/4 l) Wildbrühe	ablöschen
1 kg Fleischtomaten	kurze Zeit in kochendes Wasser legen (nicht kochen lassen), in kaltem Wasser abschrekken, enthäuten, die Stengelansätze herausschneiden, in Würfel schneiden, zu dem Fleisch geben
250 ml (1/4 l) trockenen Weißwein	hinzugeben, bei geschlossenem Topf etwa 1 Stunde schmoren lassen
2 Knoblauchzehen	abziehen, feinwürfeln
1 Sellerieknolle	putzen, waschen, würfeln, nach etwa 35 Minuten das Gemüse hinzugeben
80 g Butterschmalz	hinzugeben
125 g Weizenmehl	sieben, Braten und Fond damit bestäuben, immer wieder umrühren, jeweils
1 Teel. grüne und rote Pfefferkörner	in
2 Eßl. Speiseöl	zerstoßen, mit
Salz	würzen, zu dem Fond geben, die Sauce muß sämig eingekocht sein
1 kg grünen Spargel	nur unten schälen, darauf achten, daß die Schalen vollständig entfernt sind, die unteren Enden gerade schneiden, holzige Stellen vollkommen wegschneiden, den Spargel abspülen, in
2 l heißem Wasser	mit dem Saft
1 Zitrone	
1 Prise Salz	
1 Prise Zucker	garkochen lassen, abgießen, den Spargel zum fertigen Wildschweinpfeffer servieren
Tip:	Dazu Bier-Nudeln reichen.

Wildschweinfilet mit Nußsauce und Kugelkartoffeln

1 kg Wildschweinfilet	unter fließendem kaltem Wasser abspülen, trockentupfen, enthäuten, mit
2 Eßl. Speiseöl	bestreichen, abgedeckt im Kühlschrank 30-40 Minuten aufbewahren
	das Filet in etwa 80 g schwere Stücke schneiden
120 g Butterschmalz	erhitzen, die Filets von jeder Seite 2 Minuten braten
	Für die Nußsauce
500 g gehackte Haselnüsse	in
50 g Butterschmalz	anschwitzen
250 ml (1/4 l) Wasser	
abgeriebene Schale von 1 Zitrone (unbehandelt)	
1 Eßl. Zitronensaft	
1 Stange Zimt	
100 g Zucker	hinzugeben, bei schwacher Hitze etwa 5 Minuten köcheln lassen
50 g Haselnußmousse	
50 cl Sherry	unterrühren, kochen lassen
100 g Butter	erhitzen, unterrühren, mit
Salz	
frisch gemahlenem Pfeffer	würzen, die Sauce durch ein Sieb passieren, evtl. nachwürzen
	Für die Kugelkartoffeln
1 kg große festkochende Kartoffeln	schälen, waschen, in
Salzwasser	zum Kochen bringen, garkochen lassen, abgießen, abdämpfen, sofort durch die Kartoffelpresse geben, erkalten lassen, die Kartoffeln mit
2 Eigelb	verrühren, mit
Salz	
geriebener Muskatnuß	abschmecken, aus dem Teig mit einem Kugelausstecher Kugeln formen
50 g Butterschmalz	erhitzen, die Kugeln darin goldbraun backen.

Pikante Geflügel- und Wildsalate

Wild-Salat *(Foto S. 84/85)*

300 g gebratenes Wildfleisch	in Streifen oder Würfel schneiden
etwa 200 g gedünstete Pfifferlinge evtl. halbieren	
2 Zwiebeln	abziehen, in sehr dünne Scheiben schneiden, in
kochendes Salzwasser	geben, zum Kochen bringen, etwa 5 Minuten kochen, abtropfen lassen.
	Für die Salatsauce
3 Eßl. Salatöl	mit
2 Eßl. Essig	
2-3 Eßl. Schlagsahne	
2 Eßl. Preiselbeeren (aus dem Glas)	verrühren, mit
Salz	
frisch gemahlenem schwarzem Pfeffer	
Zucker	würzen, mit den Salatzutaten vermengen, den Salat gut durchziehen lassen, evtl. mit Salz, Pfeffer abschmecken.

Kaninchen-Salat *(Foto)*

100 g Keniabohnen	in gesalzenem Wasser 1 Minute blanchieren, in Eiswasser abschrecken
je 1 rote und grüne Paprikaschote	vierteln, entstielen, entkernen, die weißen Scheidewände entfernen, die Schoten waschen, in ganz feine Streifen schneiden
1 Bund Radieschen	
150 g rosa Champignons	beide Zutaten putzen, waschen, in Scheiben schneiden, zusammen mit den Bohnen in eine Schüssel geben, mit
2 Eßl. Sherry-Essig	
4 Eßl. Walnußöl	etwa 15 Minuten marinieren, mit
Salz	
Pfeffer	würzen
2 Kaninchenkeulen	unter fließendem kaltem Wasser abspülen, trockentupfen, enthäuten, mit

Salz	
Pfeffer	einreiben
20 g Butterschmalz	zerlassen, die Keulen darin von jeder Seite etwa 20 Minuten braten das Fleisch in dünne Scheiben schneiden, mit dem Salat,
frischen Basilikumblättern	
Pfefferkörnern	auf Portionstellern anrichten.

Bunter Salat mit marinierter Hähnchenbrust

2 Hähnchenbrustfilets (à 300 g)	unter fließendem kaltem Wasser abspülen, trockentupfen
1 Zitrone (unbehandelt)	heiß abwaschen, abtrocknen, in Scheiben schneiden
	Für die Marinade
2 Knoblauchzehen	abziehen, durch die Knoblauchpresse drücken, mit
2 Eßl. Speiseöl	
4 Eßl. Sherry Amontillado	
1 Teel. grobem Pfeffer	
etwa 1 Teel. Rosmarin	verrühren, Hähnchenbrustfilets und Zitronenscheiben hineingeben, abgedeckt etwa 2 Stunden ziehen lassen, dabei ab und zu wenden
4 mittelgroße Tomaten	kurze Zeit in kochendes Wasser legen (nicht kochen lassen), in kaltem Wasser abschrekken, enthäuten, die Stengelansätze herausschneiden, die Tomaten vierteln, entkernen, in Achtel schneiden
1 kleinen Friséesalat	
1/2 Eichblattsalat	putzen, zerpflücken, waschen, gut abtropfen lassen, Hähnchenbrustfilets aus der Marinade nehmen, trockentupfen, in
2 Eßl. Speiseöl	in einer Pfanne von jeder Seite etwa 3 Minuten braten, mit
Salz	
frisch gemahlenem Pfeffer	würzen
1 Eßl. Cashewkerne	kurz anrösten
	die Filets in kleine Scheiben schneiden, mit den Salatzutaten auf einer Platte anrichten
	Für die Salatsauce
1 kleine Zwiebel	abziehen, feinwürfeln
4 Eßl. Sherryessig	mit
etwas Senf	
6 Eßl. Speiseöl	verrühren, mit
Salz	
frisch gemahlenem Pfeffer	würzen, Zwiebelwürfel unterrühren, mit den Salatzutaten vermengen, sofort servieren
Tip:	Dazu Fino- oder Amontillado-Sherry servieren.

Hasen-Salat Försterin Art

1 kg Hasenkeulen	unter fließendem kaltem Wasser abspülen, trockentupfen, enthäuten, in
100 g Butterschmalz	scharf anbraten, mit
250 ml (1/4 l) Weißwein	
250 ml (1/4 l) Wasser	ablöschen, in etwa 40-50 Minuten fertig garen
100 g Pfifferlinge	putzen, waschen, evtl. halbieren
100 g Champignons	putzen, waschen, in Scheiben schneiden
1 Eßl. Speiseöl	erhitzen, die Pilze hineingeben, dünsten lassen
5 Tomaten	waschen, die Stengelansätze herausschneiden, die Tomaten achteln
1 kleine Zwiebel	abziehen, würfeln
	Für die Salatsauce
4 Eßl. Salatöl	mit
2-3 Eßl. Essig	
3 Eßl. Weißwein	verrühren, mit
Salz	
frisch gemahlenem Pfeffer	
gemahlenem Koriander	
gerebeltem Salbei	würzen
1 Eßl. gehackte Petersilie	unterrühren, mit den Salatzutaten vermengen den Salat gut durchziehen lassen, evtl. nochmals mit Salz, Pfeffer abschmecken, nach Belieben auf
gewaschenen Salatblättern	anrichten.

Frisée-Salat mit Putenfleisch *(Foto S. 91)*

200 g Putenfleisch	unter fließendem kaltem Wasser abspülen, mit Küchenpapier trockentupfen, das Putenfleisch in Streifen schneiden
	Für die Marinade
125 ml (1/8 l) Sherry (Fino oder Amontillado)	mit
1 Teel. Honig	
1 Teel. Johannisbeergelee	
1 Teel. Curry	

1 Teel. Paprika edelsüß	
1 Messerspitze gemahlenem Ingwer	
frisch gemahlenem weißem Pfeffer	verrühren, das Putenfleisch hineingeben, etwa 30 Minuten darin ziehen lassen, herausnehmen, abtropfen lassen
1 Eßl. Butter	in einer Pfanne zerlassen, das Putenfleisch darin goldgelb braten, herausnehmen, abtropfen lassen den Bratensatz mit der Marinade ablöschen
200 ml Schlagsahne	hinzugießen, zum Kochen bringen, etwa 3 Minuten unter ständigem Rühren bei starker Hitzezufuhr einkochen lassen, mit
Salz	
Sherryessig	abschmecken
1 Kopf Frisée-Salat	
1 Kopf Radicchio	beide Zutaten verlesen, gründlich waschen, gut abtropfen lassen, die Blätter eventuell zerpflücken
1 Avocado	halbieren, den Kern mit einem Löffel entfernen, die Avocado schälen, das Fruchtfleisch in Spalten schneiden
100 g frische Champignons	putzen, waschen, abtropfen lassen, in dünne Scheiben schneiden
1 Eßl. Butter	zerlassen, die Champignonscheiben kurz darin anbraten
50 g salzige Mandeln	ohne Fett in einer Pfanne rösten die Salatzutaten in einer Schüssel anrichten, dabei das Putenfleisch nach oben legen die lauwarme Salatsauce getrennt dazu reichen
Tip:	Statt des Putenfleisches können Sie auch Hähnchenbrüste verwenden: zwei Hähnchenbrüste enthäuten, mit einem scharfen Messer auslösen, im Ganzen marinieren, braten, erst vor dem Servieren in Scheiben schneiden.

Rezeptverzeichnis nach Kapiteln

Seite

Rezeptverzeichnis, alphabetisch

Seite